Pebble® Plus
Bilingüe/ Bilingual

Animales bebé / Baby Animals

La historia de un pingüino bebé / A Baby Penguin Story

por/by Martha E. H. Rustad

Editora consultora/Consulting Editor: Gail Saunders-Smith, PhD

Consultora/Consultant: Olivia Kane, Asistente de Investigación Científica/
Assistant Research Scientist
The Penguin Project
Universidad de Washington, Seattle/University of Washington, Seattle

CAPSTONE PRESS
a capstone imprint

A white egg sits in a rocky nest.

A tired dad sits on top.

Pip! The egg cracks.

Un huevo blanco está en un nido rocoso.

Un papá cansado se sienta arriba de él.

¡Se cuartea! El huevo se abre.

3

Out hatches a fluffy penguin
chick. Cheep, chatter, peep!
The tiny chick is hungry.
Its mom spits up fish
into its open mouth.

Sale un pingüinito esponjado.
¡Chip, chip, pip!
El pequeño pingüino está hambriento.
Su mamá escupe un poco de pescado
en su pico abierto.

Brr, shiver! Ahh, cuddle!

Mom huddles around

her chick.

In its icy world,

the chick stays warm.

¡Brrrrr, tiembla! ¡Ahhh, se acurruca!

Mamá se acerca a su pingüino bebé.

En su mundo congelado, el pingüinito

se mantiene caliente.

Hello! Who are you?

The chick finds friends

in its colony.

Baby chicks play while

their parents find food.

¡Hola! ¿Quién eres?

El pingüinito encuentra amigos

en su colonia.

Los pingüinos bebé juegan mientras

sus padres buscan comida.

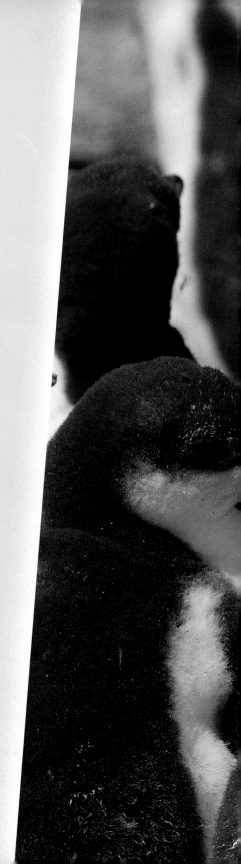

Waddle, waddle, belly slide!

The young penguins go

for an icy ride.

Back they hop

across rocky ground.

¡Se balancean, se balancean,

se deslizan sobre su panza!

Los pingüinos bebé van a dar un paseo

congelado. De regreso saltan por el

suelo rocoso.

Molt, scratch, pick.

Fluffy feathers fall off the chick.

With its beak, it preens

new waterproof feathers.

Mudar de plumas, rascar, picar.

Las plumas esponjosas se le caen

al pingüinito. Con su pico, se acicala

sus nuevas plumas impermeables.

Splish, splash! It's time to learn
swift swimming skills.
The penguin chick needs speed to
catch a tasty swarm of krill.

¡Splish, splash! Es hora de aprender a
nadar rápido. El pingüino bebé necesita
velocidad para atrapar un sabroso
cardumen de krill.

You go first. No, you jump in!

Through cold ocean waves,

penguins seem to fly.

Their wings act as flippers.

Tú vas primero. No, ¡salta tú!

A través de las frías olas del mar,

los pingüinos parecen volar.

Sus alas actúan como aletas.

The chick swims up for air.

It dives down deep.

Catch a fish.

Swallow it live. Yum!

El pingüino bebé nada hacia

la superficie para respirar.

Se lanza en un clavado profundo.

Atrapa un pez.

Se lo come vivo. ¡Qué rico!

Now it's time for good-bye.

The young penguin is off

to catch fishy snacks.

Someday it will return

to build its own nest.

Ya es hora de decir adiós.

El joven pingüino se va para atrapar

refrigerios de peces.

Algún día regresará para hacer

su propio nido.

Glossary

colony—a group of animals that live together in the same area

krill—a small, shrimplike animal

molt—a process in which birds lose their feathers and grow new ones

pip—to crack or chip a hole through a shell

preen—to clean and arrange feathers with a beak

swarm—a group of animals that gather and move in large numbers

swift—moving or able to move very fast

Internet Sites

FactHound offers a safe, fun way to find Internet sites related to this book. All of the sites on FactHound have been researched by our staff.

Here's all you do:

Visit *www.facthound.com*

Type in this code: 9781429692212

Super-cool stuff! Check out projects, games and lots more at **www.capstonekids.com**

Glosario

acicalar—limpiar y arreglar las plumas con un pico

el cardumen—un grupo de animales que se reúnen y mueven en grandes números

la colonia—un grupo de animales que viven juntos en la misma área

cuartear—hacer un agujero en una cáscara

el krill—un animal pequeño parecido a un camarón

mudar—un proceso mediante el cual las aves pierden sus plumas y les crecen nuevas

rápidamente—moverse o poder moverse a gran velocidad

Sitios de Internet

FactHound brinda una forma segura y divertida de encontrar sitios de Internet relacionados con este libro. Todos los sitios en FactHound han sido investigados por nuestro personal.

Esto es todo lo que tienes que hacer:

Visita *www.facthound.com*

Ingresa este código: 9781429692212

¡Algo súper divertido! Hay proyectos, juegos y mucho más en www.capstonekids.com

23

Pebble Plus is published by Capstone Press,
1710 Roe Crest Drive, North Mankato, Minnesota 56003.
www.capstonepub.com

Library of Congress Cataloging-in-Publication Data
Rustad, Martha E. H. (Martha Elizabeth Hillman), 1975-
[Baby penguin story. Spanish & English]
La historia de un pingüino bebé = A baby penguin story / por/by Martha E. H. Rustad ; editora consultora/consulting editor, Gail Saunders-Smith ; consultora/consultant, Olivia Kane.
p. cm.—(Pebble plus bilingue/bilingual: animales bebé/baby animals)
Includes index.
ISBN 978-1-4296-9221-2 (library binding)
ISBN 978-1-62065-334-0 (ebook PDF)
1. Penguins—Infancy—Juvenile literature. I. Title. II. Title: Baby penguin story.
QL696.S47R8718 2013
598.47—dc23
2011050102

Summary: Full-color photographs and simple text describe how penguin chicks grow up.

Editorial Credits
Erika L. Shores, editor; Strictly Spanish, translation services; Ashlee Suker, designer; Laura Manthe, bilingual book designer and production specialist; Svetlana Zhurkin, media researcher

Photo Credits
Alamy/Chris Gomersall, 16–17
Corbis/Darrell Gulin, 19; Paul A. Souders, 20–21
Dreamstime/Xander Van Hoof, 15
iStockphoto/Marshall Bruce, 1, 13
Minden Pictures/Flip De Nooyer, cover
Photolibrary/Michael S. Nolan, 11
Shutterstock/Gentoo Multimedia, 8–9; Leksele, 3; Mogens Trolle, 7; Patrick Poendl, 4–5

The author dedicates this book to her son Markus Johan Rustad.

Note to Parents and Teachers

The Animales bebé/Baby Animals series supports national science standards related to life science. This book describes and illustrates penguin chicks. The images support early readers in understanding the text. The repetition of words and phrases helps early readers learn new words. This book also introduces early readers to subject-specific vocabulary words, which are defined in the Glossary section. Early readers may need assistance to read some words and to use the Glossary, Internet Sites, and Index sections of the book.

Printed in the United States of America in North Mankato, Minnesota.
042012   006682CGF12

Index

Índice